한경 junior 한경junior는 어린이와 청소년을 대상으로 경제·금융·투자·시사 상식, 독서·글쓰기 등을 이해하기 쉬운 콘텐츠로 전달하는 한경MOOK의 새 브랜드입니다.

부모님들께

몇 년 전부터 부모님들의 자녀 경제 교육에 대한 관심이 부쩍 높아졌습니다. 증시가 활황을 보이고, 동학개미·서학개미 등 개인 투자자들이 주식시장으로 대거 몰렸던 시기와 겹쳐 있었던 것 같습니다. 그래서 경제 교육은 돈, 그리고 투자에 대한 공부라는 인식이 강합니다.

경제가 돌아가게 하는 기초가 '돈'인 것은 맞습니다. 하지만 돈 공부가 경제 공부의 전부는 아닙니다. 경제는 '재화(물건)와 서비스를 생산하고 소비하는 인간의 모든 행위'입니다. 쉽게 말하면 '먹고사는 일'에 대한 것이죠. 부모님들이 자녀를 학교에 보내고 열심히 교육시키는 이유도 자녀가 경제관념을 갖고 원하는 일을 하면서 살기를 바라기 때문일 것입니다. 여기에 꼭 필요한 것이 주어진 조건에서 합리적인 선택을 할 수 있는 능력입니다. 어릴 때는 부모가 많은 것을 결정해주지만, 결국 스스로 판단하고 선택해야 합니다.

우리는 살아가면서 매 순간 선택의 상황에 직면합니다. 학교에서 어떤 활동을 할지, 대학에서 어떤 분야를 전공할지, 어떤 직업을 고를지, 번 돈을 저축할지, 투자할지, 대출을 받아 지금 집을 살지 좀 더 돈을 모을지 등등. 주어진 조건에서 하나를 선택하면 다른 것들은 포기해야 합니다. 이때 포기하는 기회비용이 적은 것을 선택하는 게 현명하겠죠. 경제를 알고 경제가 돌아가는 원리를 이해하면, 선택의 순간에 보다 현명한 판단을 할 수 있게 될 것입니다.

한국경제신문 경제교육연구소장

이 책은 한국경제신문이 발행하는 주간 어린이·청소년 경제신문 '주니어 생글생글'에 연재하고 있는 '만화로 배우는 경제' 중 핵심만 엮은 것입니다. 어린이 독자들이 신문을 받으면 가장 먼저 펼쳐보는 인기 코너입니다. 경제학의 기본 개념과 용어들이 담겨 내용은 결코 가볍지 않습니다. 그러나 만화 형식이라 이해하기 쉽고 무엇보다 재밌습니다. 만화로 부족한 내용은 글로 덧붙였습니다. 초등학생과 중학생은 물론, 부모님과 선생님, 그리고 경제학을 처음 접하는 누구에게나 유익한 콘텐츠가 될 것입니다. 앞으로 연재되는 내용들도 계속 후속작으로 낼 계획이니 기대해주시기 바랍니다.

이 책을 통해 어려서부터 경제에 대한 이해, 경제 감각을 익힌 우리 아이들이 똑똑하고 현명한 어른으로 자라나길 바랍니다.

친구들에게

경제. 왠지 여러분에게 너무 먼 이야기 같죠? 또 너무 어렵고요. 게다가 공부할 것도 많은데 경제까지 공부하라니⋯ 그런데 잠깐만요. 경제는 여러분의 삶 그 자체입니다. 경제를 배우면 앞으로 돈을 잘 벌 수 있을 뿐 아니라, 우리가 신중히 생각하고 선택해야 할 일을 더 현명하게 판단할 수 있도록 도와줍니다. 저는 이렇게 중요한 경제를 어떻게 하면 여러분에게 쉽게 이야기할 수 있을까 고민해봤어요. 그러다가 퍼뜩! 여러분에게 친근한 캐릭터를 만들어야겠다고 생각했습니다.

그러면 어떤 캐릭터가 좋을까? 다들 고양이를 좋아하니 고양이 캐릭터? 아니면, 강아지? 처음엔 동물로 생각했지만, 역시 경제는 동물들이 해결해야 할 문제는 아니었습니다. (^^;;) 그래서 여러분과 비슷한 또래의 친구로 생각했죠. 한 명은 외로우니, 친구들도 있어야 할 텐데 몇 명으로 하면 좋을까. 그래서 생각한 것이 다섯 명이었습니다. 오래된 만화엔 '오 형제'가 많았습니다. 대표적인 게 '독수리 오 형제'죠.(제 나이를 가늠할 수 있는?)

친구들의 이름을 짓는 것은 비교적 쉬웠어요. 바로 음악의 조화로움을 뜻하는 '칠음계'였습니다. 도레미파솔라시도. 맨 앞의 친구가 대장이니⋯. 대한민국 전체를 뜻하는 '팔도'로 하기로 했어요. 그래서 탄생한 이름이 '팔도, 레미, 파, 솔라, 시도'입니다. 이름이 지어졌으니, 캐릭터마다 성격이 있어야겠죠. 팔도는

팔도 아빠 김형진

저랑 많이 비슷합니다. 제 아들의 성격도 살짝 들어있죠. 시도한테도 저의 모습이 있는데요. 시도의 삼촌 '지니'가 바로 저이기 때문입니다. 물론 저는 머리가 길지 않고 짧습니다.

저는 매주 목요일 한국경제신문 뉴스레터 '경제야 놀자'를 씁니다. 거기에 나오는 인물이 지니예요. 시도는 지니의 어릴 적 버전이라고나 할까요. 이 같은 캐릭터의 성격을 만화 그리는 구슬기 작가에게 얘기했더니 바로 그려주더군요. 역시 전문가는 달라요.

그렇게 팔도와 친구들의 경제 이야기가 시작되었습니다. 경제를 어렵게 얘기하긴 쉽지만, 쉽게 얘기하기는 정말 어렵습니다. 저는 그 어려운 작업을 위해 지금도 인터넷을 뒤지고 있습니다. (헉헉)

경제학 내용을 만화 스토리로 압축하다보면 해야 할 이야기가 빠질 수 있습니다. 이럴 땐 기회비용을 따져서 선택합니다. '기회비용'이 뭐냐고요? 만화를 보면 팔도와 친구들이 알려줄 겁니다. 경제학에 하나의 정답은 없어요. 서로 생각이 다를 수도 있죠. 유명한 경제학자들도 논쟁을 합니다. 저와 생각이 다른 부분은 언제든지 얘기해주세요. 여러분과의 활발한 소통을 기대하겠습니다.

팔도와 친구들을 소개합니다!

팔도

팔도와 친구들의 대장이에요.

✳ 시니컬한(냉소적인) 성격으로 항상 직관적으로 상황을 바라봅니다. 게다가 직설적인 성격이라 바른말을 곧잘 해요. 그래도 친구들에게는 한없이 따뜻한 친구입니다. 팔도는 지식이 깊어요. 특히 경제에 대해서는 박사죠. 항상 친구에게 좋은 정보를 알려줍니다. 팔도는 여러분에게 경제를 잘 설명해 줄 친구예요.

목차

1 경제 여행을 떠나자! — 13
#경제적 유인 #공짜는 없다
#수요, 수요의 법칙 #공급과 가격
#수요와 공급 그리고 시장
#한계 #한계 효용 체감의 법칙

2 경제랑 놀아 보자! — 41
#보이는 것과 보이지 않는 것 #창조적 파괴
#기회비용 #매몰비용 #대체재와 보완재
#가격 탄력성 #탄력성과 대체재

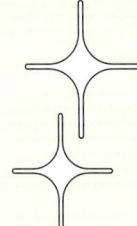

3 경제 지식을 쌓아 보자! — 71
#네트워크 효과 #외부 효과 #공유지의 비극
#비교우위와 절대우위 #자유로운 거래
#인플레이션 #가격차별

4 경제왕이 되어 볼까? — 103

#화폐의 조건 #금융시장
#72의 법칙 #주식회사 #게임이론
#죄수의 딜레마 #신빙성 있는 위협

5 경제 공부 레벨 업! — 133

#독점 #과점 #담합을 깨는 법
#행동 경제학, 계획의 오류

6 팔도와 친구들의 경제놀이방

경제 공부 시작하기	12
신용도 확인하기	40
경제왕 되기 OX퀴즈	70
나의 경제 MBTI 찾기	100
절약 습관 기르기	102
'용돈 일기' 쓰기	132
경제 단어 찾아보기	153
가로세로 낱말 퍼즐 게임	154

경제 공부 시작하기

내일은 내가 경제왕!

이름 :

이 책을 읽기 시작한 날짜 : 　　년　　월　　일

Q 왜 경제를 공부해야 한다고 생각하나요?

Q 이 책을 다 읽고 이루고 싶은 경제적 목표는 무엇인가요?

- ☑ 매주 용돈 (　　　　원씩) 모으기
- ☑ 총 금액 (　　　　원) 모으기
- ☑ 친구들에게 경제 개념 (　　　가지) 설명해 주기
- ☑ 하루에 절약 습관 (　　　가지) 실천하기

Q 경제왕이 되기 위한 ＿＿＿이의 목표 한마디!

인센티브가 뭐지?

세상에 공짜가 있을까?

www.팔도와 친구들의 경제 이야기.co.kr

첫번째 **경제 이야기**

경제 여행을 떠나자!

가격이 내려가면 사람들이 물건을 많이 살까?

생산을 더 할지 말지는 어떻게 정할까?

시장은 어떻게 돌아갈까?

누군가를 움직이게 하는 방법은?

경제적 유인

경제적 유인은 처벌 가능성이나 보상처럼 사람이 행동하게 하는 것을 의미합니다. 경제적 유인을 영어로 하면 '인센티브'라고 하죠. 예를 들어 부모님께서 여러분에게 시험을 잘 보라고 얘기할 때 두 가지 방법이 있습니다. 하나는 "시험을 망치면 혼난다"라며 처벌에 초점을 두어 말하는 것이고, 다른 하나는 "이번 시험을 잘 보면 선물을 사 줄게"라며 보상을 강조하는 것입니다.

여러분은 어떤 경제적 유인에 반응하나요? 친구들이 어떤 행동을 하길 원할 때 어떻게 말하나요? 그냥 단순히 하라고 재촉하나요? 아니면 선물을 주겠다고 이야기하나요? 사람들은 어떤 인센티브를 받느냐에 따라 다른 선택을 합니다. 경제학에서 가장 중요한 것이죠.

어떤 '인센티브'를 받으면 열심히 공부할 것 같은가요?

그 이유는 무엇인가요?

세상에 공짜가 있을까~?
없을까~?

공짜는 없다

'세상에 공짜 점심은 없다'는 말이 있습니다. 우리가 무엇을 얻고자 한다면, 그 대가로 무엇인가를 포기해야 한다는 뜻이죠. 예를 들어 여러분이 놀기 위해서는 공부를 포기해야 합니다. 아니면 무엇을 사려면 그것에 대한 대가로 돈을 내야 하죠. 경품 행사도 마찬가지입니다. 마트에서 물건을 사고 받은 응모권으로 경품에 당첨된다면 즐거운 일이죠. 하지만 경품 비용은 어디서 왔을까요? 여러분이 물건을 사면서 이미 낸 돈일 것입니다. 경제학에서 '공짜 점심은 없다'는 중요합니다. 정부가 돈을 마구 찍어내면 그 돈으로 살 수 있는 물건은 더 없어집니다. 어떤 공짜도 진짜 공짜인 것은 없다는 것이죠.

공짜는 없는 세상, '대가'를 치르고라도 갖고 싶은 것이 있나요?

그 이유는 무엇인가요?

가격이 내려가면 올라가는 것은?

수요, 수요의 법칙

수요란 경제 주체가 상품을 사고자 하는 욕구를 말합니다. 경제 주체라는 것은 바로 여러분이죠. 소비자라고도 합니다. 여러분이 어떤 물건을 사고싶은 마음이 생겼다면 그게 바로 '수요'입니다. 이런 수요에 여러분이 혹시 용돈을 받고 물건을 한 개 살 능력이 생겼다면 '수요량' 1이 생긴 것입니다. 만약 두 개 살 능력이 생겼다면 수요량 2가 생긴 것이죠. 여러분과 여러분의 친구들이 똑같이 1만 원이 생겼다고 생각해 봅시다. 여러분과 친구들이 원하는 물건이 1만1000원이라면 살 수 없을 겁니다. 만약 할인 행사로 9000원이 되면? 다들 바로 달려가서 사겠죠. 가격이 내려가서 수요량이 많이 생긴 것입니다. 만약 가격이 다시 1만1000원이 되면? 못 삽니다. 수요량이 떨어지는 것이죠. 이것을 '수요의 법칙'이라고 합니다.

요즘 여러분과 여러분 친구들 사이에서 '수요'가 높은 것은 무엇인가요?

그 이유는 무엇인가요?

시장에서 수량을 조절하는 것은 뭘까?

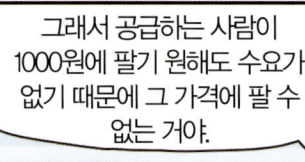

공급과 가격

판매자가 물건을 파는 수량을 공급량이라고 합니다. 이런 공급량을 결정하는 가장 중요한 요인은 바로 '가격'입니다. 가격이 높으면 더 많은 비용이 들더라도 물건을 팔아 이익이 생기기 때문에 물건을 판매하는 사람이 많이 팔려고 하죠. 그래서 공급량이 늘어납니다. 시장에 공급이 전체적으로 늘어났지만 팔리지 않은 물건이 생기면 판매자는 가격을 낮춰서라도 다 팔려고 합니다. 가격이 낮아지는 것이죠. 가격이 다시 낮아지면 물건을 파는 사람은 물건의 공급량을 줄입니다. 이처럼 시장에서는 가격에 의해 수량이 조절됩니다.

요즘 '공급'이 많아져 '가격'이 낮아진 것에는 무엇이 있을까요?

그 이유는 무엇이라고 생각하나요?

서로 경쟁하는
시장은 누가 움직이지?

수요와 공급 그리고 시장

시장(market)이란 어떤 물건이나 서비스를 사고파는 사람들이 모인 곳입니다. 우리가 흔히 말하는 전통시장도 시장이고요, 대형마트도 시장입니다. 물건을 사는 사람들이 상품의 수요를 결정하고, 물건을 만들어 파는 사람들은 상품의 공급을 결정합니다. 시장에는 많은 소비자와 생산자가 있습니다. 서로 경쟁을 하기 때문에 한 판매자가 가격을 결정할 수 없습니다. 서로 자신의 물건을 팔기 위해 소비자가 원하는 가격에 최대한 맞추려고 노력합니다. 소비자는 싼 가격에 좋은 물건을 사기 위해 경쟁을 합니다. 그래서 시장에서는 서로 만족하는 가격에 만족하는 물건을 얻습니다. 이런 경쟁은 애덤 스미스(Adam Smith)가 얘기한 '보이지 않는 손'에 의해 움직입니다. 바로 '가격'이 그 결과입니다

엄마 아빠와 시장이나 마트에 간다면 같은 라면이어도 '가격'이 어떻게 다른지 적어 봐요.

라면마다 가격이 다른 이유는 무엇일까요?

더 할 것인가? 말 것인가?
결정의 순간!

🔍 한계

맛있는 음식을 계속해서 먹다보면 "이제 한계야"라는 말을 하곤 합니다. 경제학에서의 한계도 마찬가지입니다. 다만 거기서 더 할 것인가 말 것인가 하는 판단이 붙습니다. 예를 들어 옥수수 농사를 짓는 농부가 있습니다. 일정한 땅에서 옥수수를 최대한 생산한다고 생각해 봅시다. 조금 더 생산하는 방법이 무엇이 있을까요? 바로 이런 판단을 하는 것이 한계분석입니다.

여기서 편리하고 유익한 것, 즉 편익은 옥수수를 팔아서 번 돈입니다. 돈을 많이 벌면 농부는 행복하겠죠. 그런데 중요한 것이 있습니다. 한계 상태에서 옥수수 하나를 더 생산할 때의 비용이 편익보다 더 크다면, 편익은 그만큼 줄어드는 것이므로 하나 더 생산하지 않는 것이 좋다고 판단해야 한다는 것입니다.

지금 '한계'를 느끼는 일이 있나요?

그 이유는 무엇인가요?

하면 할수록
만족이 줄어든다고?

한계 효용 체감의 법칙

'효용'은 소비자가 물건을 사거나 서비스를 받을 때 얻는 만족감입니다. 여러분이 맛있는 음식을 먹을 때 만족감이 크다면 이를 '효용을 얻었다'고 할 수 있습니다. 그런데 만약 그 맛있는 음식을 계속 먹는다면 어떨까요? 계속 먹으면 질릴 것입니다. 한계 효용이 떨어지는 것이죠. 이를 '한계 효용 체감의 법칙'이라고 합니다. 다시 말해 어떤 물건을 사거나 서비스를 받을 때 하나 더 소비하면 할수록 만족이 계속 떨어진다는 것이죠. 우리 생활의 많은 부분에서 한계 효용 체감의 법칙이 적용되기도 합니다.

여러분이 생활하면서 '한계 효용'이 떨어진 것이 있다면 무엇인가요?

그 이유는 무엇이라고 생각하나요?

신용도 확인하기

신용이 경제 활동에서 왜 중요할까?

신용은 경제 활동에서 아주 중요해요. 개인뿐 아니라 기업과 국가도 신용을 평가받습니다. 신용이 높아야 돈을 갚을 때 얹어 줘야 하는 이자도 적어요. 우리의 신용도는 어느 정도인지 알아볼까요?

신용(信用)
사람이나 사물이 틀림없다고 믿어 의심하지 않는 것. 어떤 사람이 약속을 반드시 지킬 것이라고 믿을 때 '그는 신용이 높다'고 해요. 금융이나 경제와 관련해선 돈이나 물건을 빌렸을 때 약속대로 그 값을 치를 수 있는 능력을 말합니다.

나의 신용 체크 리스트

1. 친구와의 약속이나 학원 시간에 종종 늦어요.
2. 저금통에 저금하다가 중간에 돈을 꺼내 쓴 적이 있어요.
3. 친구에게 책이나 게임기, 학용품 등을 빌린 뒤 늦게 돌려줬어요.
4. 도서관에서 책을 빌리면 약속된 날짜를 하루 이틀 넘겨서 반납해요.
5. 용돈이 모자라면 친구들에게 빌려서 써요. 금액이 작아 갚는 것을 깜빡한 적이 있어요.
6. 엄마 아빠에게는 학원에 간다고 하고, 친구들과 밖에서 논 적이 있어요.
7. 학원에서 시험을 봤는데, 못 본 점수는 숨기고 잘한 것만 부모님에게 얘기했어요.

by 한국경제신문 경제교육연구소 **문혜정**

선택을 돈으로 환산할 수 있을까?

기술의 발전은 어디에서 시작됐을까?

경제를 움직이는 것은 무엇일까?

www.팔도와 친구들의 경제 이야기.co.kr

두번째 경제 이야기

경제랑 놀아 보자!

물건의 값이 올라가면 경제에 어떤 영향을 미칠까?

경제는 우리 눈에 보이는 게 다일까?

우리는 매우 작은 존재
보이는 게 다가 아니야

🔍 보이는 것과 보이지 않는 것

우리는 해가 뜨는 것이 지구가 돌기 때문이라는 것을 알고 있습니다. 과거 사람들은 그렇지 않았죠. 눈으로 보이는 것만 믿었기 때문이었습니다. 우리 삶에는 눈에 보이지 않는 것이 많습니다. 예를 들어 은행을 생각해 봅시다. 우리는 돈을 은행에 저금합니다. 그러면 돈은 은행에 가만히 있다고 생각할 수 있죠. 이것은 그냥 '보이는 것'입니다. 은행은 돈만 보관하는 곳일까요? 아닙니다. 필요한 사람에게 돈을 빌려주는 곳이죠.

맛있는 음식을 만드는 셰프가 재료 살 돈이 필요합니다. 그래서 은행으로부터 여러분이 맡긴 돈을 빌린 후 재료를 사서 맛있는 음식을 만들어 팝니다. 여러분은 맛있는 음식을 사 먹고 만족합니다. 은행에 맡긴 돈이 돌아오는 순간인 것입니다. 이것이 '보이지 않는 부분'이죠. 우리 삶에서 많은 부분이 이렇게 돌아갑니다. 여러분도 보이지 않는 부분까지 볼 수 있는, 생각이 깊은 사람이 되면 좋겠습니다.

우리의 일상에서 '보이는 것'과 '보이지 않는 것'은 무엇이 있을지 생각해봐요.

그 이유는 무엇인가요?

세상이라는 학교에서
창조와 파괴는 짝꿍!

창조적 파괴

지나가다 공중전화 부스를 본 적 있나요? 아마 여러분 주변에서 공중전화 부스를 찾기가 힘들 것입니다. 공중전화 부스는 많은 사람이 전화할 수 있도록 전화기를 가져다 놓은 곳이에요. 그 전화를 쓰려면 공중전화 카드나 동전이 필요한데요. 이 공중전화 부스는 길 곳곳에 놓여있었습니다. 1990년대까지는 말이죠. 2000년대 들어오면서 공중전화는 사라집니다. 많은 사람 손에 휴대폰이 생기면서였습니다. 바로 이런 것이 창조적 파괴입니다. 만약 공중전화 부스가 사라지는 게 안타까워 휴대폰을 쓰지 않았다면…. 아마 여러분은 여전히 구석기 시대 돌칼을 들고 있을지도 모릅니다.

'창조적 파괴'로 인해 지금은 사용하지 않는 것에는 무엇이 있을까요?

'창조적 파괴'로 지금은 사라졌지만 여러분이 사용해보고 싶은 것이 있다면 적어보아요.

선택의 순간을 돈으로 바꾸면?

기회비용

여러분은 선택의 순간에 마주칠 일이 많을 것입니다. '공부할 것인가 아니면 잠깐 놀 것인가?' '책을 살 것인가 아니면 장난감을 살 것인가?' 등이죠. 그때마다 여러분은 어떤 생각을 하고 선택을 하나요? 바로 이런 상황에 필요한 것이 기회비용입니다. 모든 것을 돈을 통해 가치를 따져 보는 것이죠. 공부할지 놀지에 대한 선택도 마찬가지입니다. 공부를 선택한다면 그 기회비용은 노는 것으로 인해 얻어지는 즐거움입니다. 즉, 노는 것의 즐거움을 돈으로 환산한 금액입니다.

만약 노는 것을 선택한다면? 공부함으로써 얻는 좋은 성적이 기회비용이 됩니다. 물론 공부를 잘 하면 미래에 더 좋은 직업과 월급을 받을 수 있습니다. 그게 다 기회비용이죠.

최근에 여러분이 한 중요한 선택은 무엇인가요?

그때 기회비용은 무엇이었나요?

헛수고한 시간과 노력도…
다 돈이다!!

매몰비용

앞서 기회비용은 선택할 때 고려해야 하는 비용이었습니다. 매몰비용은 생각하지 말아야 하는 비용입니다. 옛 속담에 '엎질러진 물'이라는 말이 있습니다. 이 말이 바로 매몰비용에 해당합니다. 엎지른 물은 다시 주워 담을 수 없죠. 주워 담으려고 하는 노력도 헛수고입니다. 그냥 이런 때에는 엎지른 물을 잊고 다시 물을 뜨는 것이 좋습니다. 즉 엎지른 물은 매몰비용입니다. 또 다른 예로 우리가 가끔 '아깝다'고 생각하는 것 중에도 '매몰비용'이 있습니다. 예를 들어 오래되었지만 맛있었던 음식이 조금 남아 있습니다. 아까워서 먹는다면 어떨까요? 여름이라면 아마 상해서 배탈이 났을 것입니다. 남아 있는 음식을 매몰 비용으로 처리하여 버렸다면 배탈이 안 났을 텐데 말이죠.

상한 음식처럼 '매몰비용'으로 생각해야 하는 것에는 무엇이 있을까요?

그 이유는 무엇인가요?

경제학에서는 물건끼리도 관계가 있어~

대체재와 보완재

여러분은 핫도그를 좋아하세요? 햄버거를 좋아하세요? 햄버거 가격이 오르면 많은 사람이 햄버거를 대신할 핫도그를 찾을 겁니다. 이런 둘의 관계를 '대체재'라고 합니다. 경제학적 용어로 말하자면 햄버거의 가격이 상승하면 핫도그를 사려는 수요(사람들)가 늘어난다는 것이죠. 콜라가 비싸면 사이다로 대체해서 먹기도 합니다. 콜라와 사이다도 서로 대체재입니다.

이와 달리 '보완재'는 어떤 물건의 가격이 오르면 다른 물건도 사지 않는 것을 말합니다. 다른 물건을 보완하는 관계인 것이죠. 쉽게 얘기하자면 어떤 물건을 사용하는 데 있어서 추가로 꼭 필요한(보완 관계) 물건이죠. 예를 들면 휘발유와 자동차 같은 것입니다. 휘발유 가격이 오르면 자동차를 사는 것이 아니라 시내버스나 지하철을 이용하죠. 그런 관계를 말해요.

삼겹살의 '대체재'에는 무엇이 있을까요?

삼겹살의 '보완재'는 무엇이 있을까요?

61

경제에도 '탄력성'이 있다고?

가격 탄력성

'탄력'은 '외부 힘에 반발하는 힘 또는 정도'를 말해요. 경제학에서의 가격 탄력성도 마찬가지입니다. '외부 힘'이라고 할 수 있는 것이 '가격'이고 '반발하는 힘'은 바로 '수요와 공급'이랍니다. 즉, 가격이 변하는 것에 따라 여러분이 물건을 살지 말지 결정하는 것이죠. 가격이 오른다고 생각해 봅시다. 이 경우 비싸졌으니 이 물건을 덜 사거나 안 살 것입니다. 가격이 달라진 정도에 비해 물건을 덜 사는 정도가 크면 '탄력적'이라고 합니다. 반대로 가격이 올라도 물건을 덜 사는 정도가 크지 않으면 '비탄력적'이라고 하죠. 보통 여러분이 매일 사용하는 필수품의 경우 비탄력적이에요. 가격이 올라도 쓸 수밖에 없으니까요. 장난감 같은 것은 탄력적이에요. 가격이 오르면 꼭 살 필요가 없으니까요.

가격이 올라도 쓸 수밖에 없는 '비탄력적'인 것은 무엇이 있을까요?

가격이 오르면 사지 않아도 되는 '탄력적'인 것은 무엇이 있을까요?

대체할 수 있고 없고와 탄력성의 관계는?

탄력성과 대체재

앞서 한 제품의 가격이 오르면 다른 제품의 수요가 늘어나는 것을 '대체재' 관계라고 했습니다. 이런 대체재가 있는 제품은 보통 탄력적인 제품들이 많습니다. 탄력적인 제품은 가격이 오르면 수요가 많이 줄어드는 상품이죠. 예를 들어 여러분이 쓰는 연필을 생각해 봅시다.

여러분이 주로 사용하던 ○○연필의 가격이 오르면 비싸진 ○○연필 대신 다른 연필을 사겠죠. 그렇게 되면 ○○연필의 수요량은 줄어듭니다. 여기에서 알 수 있듯이, ○○연필은 가격이 오르면 수요량이 많이 줄어드는 탄력적인 상품입니다. 탄력성이 크다는 것이죠. 다시 말하면 대체재가 있는 상품은 탄력성이 큽니다. 휘발유는 대체재가 없으므로 탄력성이 작아서 '비탄력적'이라고 하죠.

'대체재'가 없는 것을 만들 수 있다면 어떤 것을 만들고 싶은가요?

휘발유처럼 '대체재'가 없는 것은 무엇이 있을까요?

경제왕 되기 OX퀴즈

경제 퀴즈 풀어보기

아래 퀴즈를 읽어 보고
맞으면 'O', 틀리면 'X'를 동그라미 안에 적어보세요.

1 돈과 같이 사람들이 행동하게 만드는 것을 '경제적 유인'이라고 합니다.

2 사람들이 구매하려는 물건이나 서비스의 양을 '공급량'이라고 합니다.

3 수요와 공급이 만나서 가격이 생기는 곳을 '시장'이라고 합니다.

4 즐거움을 돈으로 환산한 것을 '한계'라고 합니다.

5 어떤 재화를 소비하면 할수록 만족이 줄어드는 것을 '한계 효용 체감의 법칙'이라고 합니다.

6 컴퓨터와 마우스 또는 키보드의 관계는 '보완재' 관계입니다.

(*정답은 157p에서 확인해 보세요!)

물건을 살 때 다른 사람의 영향을 받을까?

물가가 오르는 게 좋을까?

www.팔도와 친구들의 경제 이야기.co.kr

세번째 **경제 이야기**

경제 지식을 쌓아보자!

내것이 아니라고 막 사용해도 될까?

우리나라가 다른 나라보다 잘 하는 것은 무엇이지?

같은 것이어도 가격이 다른 이유는 뭐지?

함께 사는 세상
우리는 연결되어 있어!

물건을 살 때 다른 사람의 영향을 받는 것을
'네트워크 효과'라고 해요.

네트워크 효과

네트워크라는 말은 '연결하다'라는 의미입니다. 사람과 사람을 연결하여 서로 영향을 준다는 뜻이죠. 여러분도 TV나 유튜브에서 다른 사람이 하는 얘기 또는 행동 등의 영향을 받고 있지 않나요? 그게 바로 '네트워크 효과'입니다. 이런 네트워크 효과에는 여러 가지가 있어요. 그중 하나는 '밴드왜건(bandwagon) 효과'입니다. 밴드왜건은 아주 오래전 연주를 하는 사람들이 탄 마차였어요. 즐거운 음악 소리가 나는 마차를 많은 사람이 따라다니는 모습을 한번 상상해보세요. 이처럼 다른 사람이 하는 것을 따라 하는 것을 밴드왜건 효과라고 합니다.

네트워크 효과에서 다른 하나는 '스노브(snob) 효과'예요. 스노브의 뜻은 잘난 체하는 사람이에요. 즉, 잘난 체하기 위해 남과는 다른 것을 하고 싶어 하는 사람이죠. 그래서 '한정판'을 엄청나게 좋아합니다.

'밴드왜건 효과'를 경험해 본 적이 있나요?

주위에 '스노브'인 사람이 있나요?

내가 우리 사회에 영향을 줄 수도 있다고?

외부 효과

우리는 앞서 네트워크 효과라는 것을 배웠습니다. 네트워크 효과는 사람과 사람 사이의 영향을 말합니다. '외부 효과'도 마찬가지입니다. 외부 효과는 경제적 활동이 다른 사람 또는 사회에 미치는 영향을 말합니다. 어떤 경제활동이 다른 사람에게 좋은 영향을 미치면 긍정적 외부 효과라고 합니다. 만화에서와 같이 정원을 가꾸어서 많은 사람에게 아름다움을 선사하는 것처럼요.

부정적 외부 효과는 다른 사람에게 나쁜 영향을 미치는 것을 말합니다. 공장의 폐수로 인한 환경오염이나 층간 소음 등이 있습니다. 부정적 외부 효과는 경제활동으로 인해 다른 비용이 발생합니다. 환경오염으로 인해 건강이 나빠지면 병원을 가야 하죠.

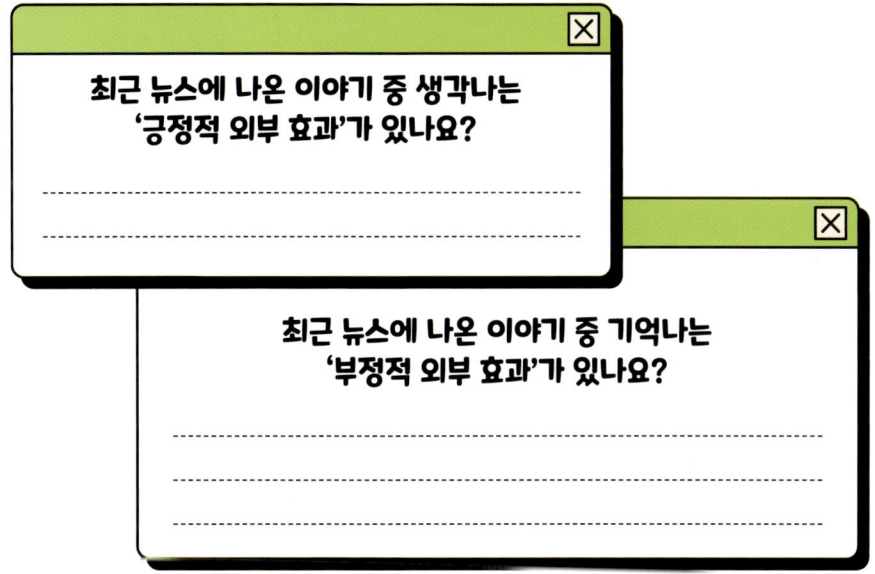

최근 뉴스에 나온 이야기 중 생각나는 '긍정적 외부 효과'가 있나요?

최근 뉴스에 나온 이야기 중 기억나는 '부정적 외부 효과'가 있나요?

공유지의 비극

'공유'는 함께 나눈다는 뜻입니다. 공유지는 함께 나누는 땅입니다. 옛날에 목초지에서 많은 소를 풀어두고 풀을 먹이고 있었습니다. 그 소들에게는 주인이 있었죠. 목초지는 다 같이 쓰는 땅, 공유지였습니다. 각 주인은 자기 소에게 많은 풀을 먹이려고 노력했죠. 너무 많이 먹이다 보니 목초지의 풀이 다 사라졌습니다. 그 뒤로 소들은 굶어 죽을 위기에 처했습니다. 이것이 '공유지의 비극'입니다.

우리는 살면서 '나 하나쯤이야' 하는 생각을 많이 가집니다. 대부분 많은 사람이 같이 이용하는 물건 또는 장소에서 생기는 생각이죠. 예를 들어 여러분이 공동으로 사용하는 공중화장실도 공유지라고 할 수 있습니다. 많은 자동차가 다니는 도로도 공유지예요. 내 것이 아니라는 생각에 마구 사용하거나 훼손하면 그 모든 문제가 다시 나에게로 돌아옵니다.

우리 동네의 '공유지'는 어디인가요?

모두가 '공유지'를 오래오래 사용하려면 어떤 노력이 필요할까요?

절대우위는 모든 것을 다 잘하는 걸 말해요.

비교우위는 다른 나라와 비교했을 때 더 싸게 생산돼서 효율성이 더 좋은 경우를 말해요.

곡식을 재배할 시간에 다른 일을 해서 돈을 더 벌 수 있다면 곡식 재배보다 다른 일을 하는 것이 좋겠죠? 이것이 비교우위예요.

삼성 스마트폰 안의 부품은 삼성 혼자 만든 것이 아니에요. 비교우위에 따른 무역을 통해 다양한 나라에서 생산된 부품들을 가지고 스마트폰을 만든답니다.

비교우위와 절대우위

'우위(優位)'는 '남보다 나은 위치나 수준'을 말해요. 경제학에서 비교우위와 절대우위는 상대방과 비교해서 더 나은 것이 무엇인가 하는 것을 말하는 것이죠. 절대우위는 비교하는 대상 모두를 잘하는 것을 말해요. 절대우위에 있는 사람은 뭘 해도 잘하는 사람이죠. 국가로는 미국 같은 나라가 절대우위에 있어요. 국방이면 국방, 경제면 경제, 금융이면 금융 등 다 우위에 있습니다. 그렇다고 미국이 모두 다 잘하는 것은 아니에요. 예를 들어, 우리나라에서 생산한 반도체로 만든 스마트폰을 미국이 구매하죠. 미국과 비교해 우리나라가 반도체 생산을 잘 한다는 것을 알 수 있어요. 이게 바로 '비교우위'입니다.

우리나라가 다른 나라보다 '비교우위'에 있는 것은 무엇일까요?

내가 다른 친구들보다 '비교우위'에 있는 점은 무엇인가요?

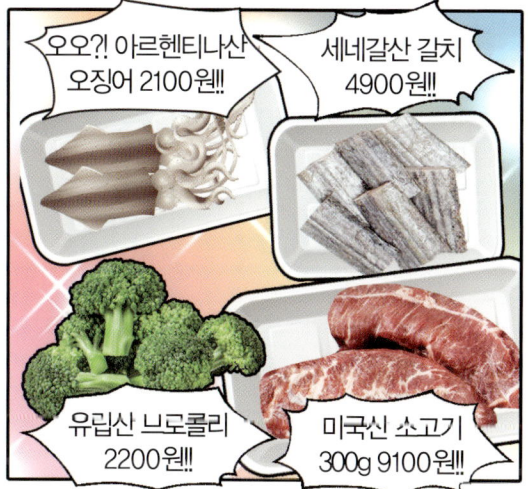

자유로운 거래

여러분은 혼자서 많은 일을 한 적이 있나요? 아마 그때 든 생각은 '힘들었다'였을 겁니다. 한 사람이 채소를 재배하고, 옷을 만들고, 공부도 하고, 강의도 하고, 개그맨 같은 사람이 되어서 웃기기도 하는 등 많은 것을 동시에 할 수는 없을 것입니다. 국가도 마찬가지죠. 한 국가가 모든 것을 다 할 수는 없습니다. 그래서 서로 잘 하는 것에 집중해 거래합니다.

특히 자연 자원은 한 나라에 몰려있지 않습니다. 예를 들어 우리나라에는 석유가 나지 않습니다. 대신 우리는 여러 가지 물건을 만들어서 팔죠. 석유가 나는 중동에는 공장이 별로 없습니다. 그래서 석유를 팔아서 우리나라에서 생산되는 물건을 사갑니다. 우리나라에서도 나지만, 대량으로 생산하지 않기 때문에 비싼 농산물도 있습니다. 이럴 땐 다른 나라에서 대량으로 생산하는 농산물을 무역을 통해 들여오기 때문에 여러분이 싸게 살 수 있습니다. 이처럼 자유로운 거래는 여러분을 '힘들게 하지 않는 것'이죠.

여러분에게 많은 것을 만들 수 있는 능력이 생긴다면, 어떤 것을 만들어 다른 나라의 어떤 물건과 '자유로운 거래'를 하고 싶은가요?

인플레이션! 들어본 적 있니?

인플레이션

요즘 뉴스에서 가장 많이 듣는 말이 '인플레이션'입니다. 인플레이션은 물건 가격이 전반적으로 오르는 것을 말합니다. 물건 가격을 '물가'라고 하죠. '물가가 오르는 것'이 바로 '인플레이션'입니다. 요즘 뉴스에서 왜 인플레이션을 걱정할까요? 세계적으로 모든 물건의 가격이 오르고 있기 때문입니다. 특히 여러분이 타고 다니는 자동차의 기름값, 여러분이 먹는 음식의 재룟값이 그렇습니다.

만약 여러분이 부모님께 용돈으로 만 원을 받았다면, 작년에는 떡볶이도 사먹고 여러 물건도 살 수 있었습니다. 하지만 올해 들어 인플레이션이 오면서 물가가 크게 올랐기 때문에 만 원으로 여러분이 살 수 있는 또는 먹을 수 있는 물건들이 줄어들었습니다. 필요한 물건을 사다보면 떡볶이를 못 먹게 될 수도 있습니다. 이런 인플레이션의 극단적 사례가 '짐바브웨'라는 나라입니다. 여러분도 한번 찾아보시기 바랍니다.

'인플레이션'으로 인해 작년보다 가격이 오른 것은 무엇이 있을까요?

'인플레이션'이 지속되면 어떤 일이 일어날까요?

가격차별

우리는 주변에서 많은 가격차별을 봅니다. 비행기 요금도 마찬가지예요. 좌석도 다양하지만, 시간과 계절에 따라 가격이 다릅니다. 날씨가 좋은 봄이나 가을에 비행기 푯값이 비싼 이유죠. 여러분이 자주 가는 마트에도 가격차별이 있습니다. 물건을 세트로 파는 경우입니다. 어떤 과자를 1개에 3000원에 팔다가 2개를 사면 5000원에 팔기도 하죠. 편의점에서 자주 하는 가격할인은 '2+1'입니다. 두 개 가격에 하나를 더 끼워주는 가격차별을 합니다. 할인권도 가격차별의 하나입니다. 여러분이 치킨에 대해 생각이 없다가 만약 배달료 할인이나 쿠폰을 준다면 어떨까요? 요금 할인이 되면 바로 그날 저녁 치킨이 먹고 싶어질 겁니다. 분명 치킨을 시킬 생각이 없었는데도 말이죠. 이런 가격차별을 하는 이유는 소비자들이 다양하고, 또 그 소비자마다 가격에 대한 선호가 다르기 때문입니다. 기업으로서는 소비자에게 다른 가격을 제시하여 물건을 많이 팔게 되면서 이윤이 증가하는 것이죠.

여러분이 가장 물건을 사고 싶게 만드는 '가격차별'은 무엇인가요?

그 이유는 무엇인가요?

내 소비·투자 성향이 궁금해!
나의 경제  찾기

❶→5점, ❷→10점, ❸→15점, ❹→20점, ❺→25점으로 점수를 매긴 뒤 모두 더해 주세요. 총점은 100점입니다.

Q1. 돈을 모으는 일이 왜 중요하다고 생각해요?
❶ 아직은 중요하지 않아요. 부모님이 다 해 주시니까요.
❷ 친구들을 만나고 학교나 학원에 다니면서 사회생활도 해야 해서요.
❸ 먹고 싶은 것도, 사고 싶은 것도 많아서 돈을 모으는 게 중요해요.
❹ 어른이 됐을 때 큰돈을 갖게 되니까요.
❺ 인생에서 돈은 매우 중요하다고 생각해요. 눈덩이처럼 잘 불리고 싶어요.

Q2. 돈을 어디에, 얼마나 썼는지 적어 봤나요?
❶ 아뇨. 귀찮기도 하고 필요 없을 것 같아요.
❷ 돈을 어디에 쓰는지 그냥 기억해요.
❸ 한두 번 써 보긴 했는데 계속 쓰고 싶진 않아요.
❹ 필요한 것 같아서 앞으로 쓰고 싶어요.
❺ 매일 또는 매주, 아니면 매달 규칙적으로 용돈기입장을 쓰고 있어요.

Q3. 여러분에게 2000만 원이란 큰돈이 주어졌어요. 이 돈으로 무엇을 할까요?
❶ 이제 어른이니 여행을 가거나 자동차, 옷, 노트북 등을 사고 싶어요.
❷ 대학 등록금을 내거나 대학 생활에서 필요한 학원비 등으로 쓸 것 같아요.
❸ 그냥 고스란히 저축할래요.
❹ 주식이나 펀드, 앞으로 돈을 잘 벌 것 같은 회사, 집 같은 곳에 투자할 거예요.
❺ 직접 사업(회사를 차려서 운영)을 해 보는 것도 좋겠어요.

Q4. 만약 주식이나 펀드에 투자하고 싶다면 어떻게 정보를 얻을까요?
❶ 부모님께 그냥 맡기는 게 좋을 것 같아요.
❷ 부모님이나 친척, 친구들의 의견을 참고해서 따라 할래요.
❸ 은행이나 증권사의 직원분(전문가)에게 여쭤보는 게 좋겠어요.
❹ 신문 기사나 유튜브 등을 통해 정보를 찾아보고 공부한 뒤 제가 선택할래요.
❺ 위의 모든 방법을 다 사용할 거예요.

by 한국경제신문 경제교육연구소 **문혜정**

절약 습관 기르기

엄마 아빠 함께해요!

평소 절약하는 습관을 길러놓는 것은 매우 중요해요. 절약으로 아끼는 돈이 당장은 작아보여도, 나중에는 어마어마하게 커질 수 있답니다! 엄마 아빠는 생활 속에서 어떻게 절약을 실천하는지 이야기를 들어보고, 나만의 절약 방법을 생각해보아요.

 엄마의 절약 비결은?

 아빠의 절약 비결은?

 엄마 아빠의 절약 비결을 듣고 생각해보는 나의 절약 계획!

 **내일은 내가 절약왕!**
_____이에게 보내는 엄마아빠의 응원 한마디!

화폐는 무슨 기능이 있지?

 기업도 돈을 빌릴 수가 있나?

www.팔도와 친구들의 경제 이야기.co.kr

네번째 **경제 이야기**

경제왕이 되어볼까?

나도 회사의 주인이 될 수 있을까?

죄수의 딜레마가 경제학에도 적용된다는 게 사실일까?

경제 활동에도 게임이 있다고?

그저 종이일 뿐인데…
'돈'이 뭐길래?

화폐의 조건

우리는 물건을 살 때 '돈'을 냅니다. 그런데 가끔 의문이 생깁니다. '돈'이라고는 하지만 하나의 '종이'일 뿐이죠. 그림에 글자 '만 원'이라고 쓰인…. 그 종이로 많은 것을 살 수 있습니다. 그런데 여러분이 만들면 아무런 쓸모가 없습니다. 왜 그럴까요? 우선 그 돈은 과거에 하나의 증표였습니다. 금과 바꿀 수 있는 증표였죠. 누군가 금을 보관하고 있습니다. 지금은 은행이라고 하죠. 그 '돈'이라고 하는 증표를 가져오면 금으로 바꿔줍니다. 물론 금은 믿을 만한 곳에 보관되어 있으니 그 종이를 믿을 수 있겠죠. 그래서 다른 사람에게 그 종이를 받아도 누가 가든 금을 주니 종이, 돈을 믿게 된 것입니다. 그렇게 화폐가 시작됐습니다. 물론 최근의 화폐는 대표적으로 세 가지 기능을 가지고 있어요. 교환의 수단이기도 하고 그 물건의 가격을 알 수 있는 계산의 단위이기도 하죠. 마지막으로 가치를 저장하는 수단이기도 합니다.

화폐의 세 가지 기능 중 어떤 기능이 가장 중요하다고 생각하나요?

그 이유는 무엇인가요?

돈을 빌리고, 저축하고~
여기는 금융 시장!

'금융시장'은 저축하는 사람이 돈을 빌리는 사람에게 공급해 주는 시장을 말해요.

이를 연결해 주는 곳이 '금융중개기관'인데 대표적인 것이 은행이에요.

채권시장도 금융시장의 일종입니다. 기업이 투자를 위해 사람들에게 돈을 빌리고 돈을 빌려준 사람들에게 채권을 준답니다.

금융시장

앞서 화폐의 조건에서 금을 교환해주는 곳이 은행이 되었다고 했습니다. 바로 이 은행도 금융시장의 일부입니다. 은행은 교환도 해주지만 돈을 받아서 보관도 해주죠. 이를 저축이라고 합니다. 그 저축된 돈을 다시 돈이 필요한 사람에게 빌려주죠. 이를 금융 중개라고 하고 은행은 금융중개기관입니다. 물론 금융중개기관만 금융시장인 것은 아닙니다. 금융시장의 많은 부분은 개인보다는 기업이 차지하고 있습니다. 큰돈을 빌리는 것도, 큰돈을 저축하는 것도 개인보다는 기업이죠. 그 기업이 돈을 빌릴 수 있는 금융시장으로 '채권시장'도 있습니다. '채권'이라는 것은 돈을 빌린 사람이 돈을 빌려준 사람에게 써주는 증서죠. 또 하나의 금융시장으로 '주식시장'이 있습니다. 기업의 소유권리 즉 지분을 증서로 만든 것이 '주식'입니다. 그 주식을 통해 기업은 투자를 받죠. 그 기업의 소유 권리를 사고파는 시장이 바로 '주식시장'입니다.

앞으로 이용해 보고 싶은 '금융시장'은 어느 곳인가요?

이용해 본 '금융시장'이 있다면 어느 곳인가요?

차곡차곡 모아둔 내 돈이
두 배가 되려면?

Point! '72의 법칙'은 맡긴 돈이 두 배가 되기까지 걸리는 시간을 간단하게 계산하도록 도와주는 것입니다.

만약 은행의 이자율이 연 3%라고 한다면 72 ÷ 3 = 24. 즉, 24년이 걸린다는 것이죠. 세뱃돈으로 받은 10만 원을 연 이자율 3% 정기예금에 맡기면 24년 뒤에 20만 원이 된다는 것입니다.

10만원

24년 뒤

연 3% 정기예금

20만원

🔍 72의 법칙

돈을 은행에 넣어두면 이자가 붙습니다. 이런 이자가 얼마가 붙어야 여러분이 넣어 놓은 돈이 두 배가 될까요? 바로 이를 법칙으로 만든 것이 있습니다. '72의 법칙'이죠.

72의 법칙을 적용하기 전에 가장 먼저 알아야 하는 것은 우선 '금리'입니다. 금리는 돈을 맡기면 이자를 얼마나 더 받을 수 있는지를 알려주는 숫자예요. 만약 여러분이 은행에 정기예금으로 100만 원을 넣었다고 생각해 봅시다. 은행의 금리가 1년에 6%라고 하면 1년 후에 이자로 100만 원의 6%인 6만 원을 받습니다. 106만 원을 다시 연 금리 6%의 정기예금에 계속 반복한다면 2000만 원이 될 때까지 얼마나 걸릴까요? 쉽게 계산하는 방법은 72를 금리로 나누는 것입니다. 6%의 금리면 '72/6=12' 즉, 12년이 걸린다는 것이죠. 여러분도 한번 은행의 금리를 통해 계산해 보세요.

**현재 저축하고 있는 은행의 금리가 얼마인지 알고 있나요?
72의 법칙을 적용한다면 원금의 두 배가 되기까지는
얼마나 걸리는지 계산해보아요.**

모르는 사이여도 돼요~
여럿이 같이 일해요

주식회사

여러 사람과 함께 회사를 만들면 어떨까요? 혼자서 물건을 만들면 힘들고 돈도 많이 필요합니다. 여러 사람이 뭉치면 일도 쉽게, 자금도 많이 모을 수 있겠죠. 기업은 인류 역사에서 이렇게 자연스럽게 등장했답니다. 바로 이런 기업을 '주식회사'라고 해요. 주식은 자본을 낸 만큼 받는 증서랍니다. 1주 당 100원 하는 주식을 사들였다면, 100원의 자본금을 냈다는 것이죠.

주식을 보유하고 있는 사람을 '주주'라고 합니다. 회사의 주인인 셈이죠. 만약 100원을 투자하여 주식을 샀다면 그 회사에 100원만큼의 주인으로서 권리를 가집니다. 만약 회사가 망해도 자기가 투자한 만큼만 손해입니다. 주식회사가 인류 문명에 가져온 가장 큰 효과는 전혀 알지 못하는 사람들을 협동하게 했다는 것이에요.

어떤 물건을 파는 '주식회사'에 투자하고 싶은가요?

위에 말한 '주식회사'에 얼마의 '자본금'을 투자하고 싶은가요?

주위를 둘러봐
모든 것이 게임이 돼!

게임이론

여러분 게임 좋아하죠? 경제학에서도 중요한 것이 바로 게임입니다. '게임이론'이라고 해요. 게임이론의 시작은 2차 세계대전 때였습니다. 전쟁에서는 승리만이 유일한 목표죠. 전쟁은 많은 상처를 동반하기 때문에 싸우지 않고도 이기는 것이 가장 좋습니다. 참 어렵죠. 이런 어려운 문제를 풀기 위해 게임이론이 탄생했습니다. 게임이론에서는 3가지 기본 요소가 있습니다. 즉, 경기자(player), 전략(strategy), 보수(payoff)가 있어야 합니다. 경기자는 게임에 참여한 여러분입니다. 전략은 경기자가 선택할 수 있는 행동입니다. 보수는 경기자들이 선택한 행동에 따라 받게 되는 결과죠. 여러분 주변에 일어나는 일들을 모두 게임이론으로 바꿔서 생각할 수 있습니다. 만화 역시 게임이론이 존재합니다. 만화에 생기는 문제, 주인공과 출연 인물과의 갈등 등을 풀어나가는 것 자체가 게임이론이죠. 다음 장에서 게임이론의 대표적 사례를 한번 만나볼까요?

우리의 일상에 녹아 있는 '게임이론'에는 무엇이 있을까요?

여러분이 '게임이론'을 계획한다면 어떤 전략을 펼치고 싶은가요?

말할까? 말까?
누가 먼저 말하느냐가 관건!

죄수의 딜레마

게임이론에서 가장 대표적인 유형이 '죄수의 딜레마'입니다. 죄수의 딜레마는 영화에서 자주 등장합니다. 예를 들어 죄를 지은 죄수 A와 B가 있습니다. 경찰은 이들의 죄를 전부 밝히지는 못했고, 1년 벌을 줄 수 있는 정도의 증거만 확보했습니다. 제대로 벌을 주기에는 증거가 부족한 것이죠. 만약 둘다 사실대로 말하면 각각 5년, 둘 다 아무말 안하면 각각 1년의 징역을 받습니다.

경찰은 A와 B를 각각 다른 취조실로 끌고 갑니다. 그리고 말하죠. "네가 먼저 자백하면 풀어주겠지만, 저 친구가 자백했는데도 끝까지 부인하면 모든 죄를 뒤집어쓰고 거짓말까지 한 죄로 징역 9년의 가중처벌을 받게 될 것이다." 여러분이 그 상황이 되면 어떨까요? 결국, 두 사람은 상대방이 배신할까 봐 먼저 죄를 털어놓을 겁니다. 왜냐하면, 자기 먼저 살아야 한다는 이기심이 작용하기 때문이죠.

여러분이 '죄수의 딜레마'에 빠진 죄수라면 어떤 행동을 할 건가요?

'죄수의 딜레마'에서 빠져나올 수 있는 방법이 있을까요?

사람의 심리도
경제와 연관이 있다고~

신빙성 있는 위협

혹시 여러분은 '치킨게임'이라는 단어를 들어본 적이 있을까요? 치킨게임은 겁쟁이 게임이라고 하기도 합니다. 1950년대 제임스 딘이 주연한 영화 '이유 없는 반항'에도 나온 적이 있습니다. 2대의 자동차가 낭떠러지를 향해 질주하다가 먼저 멈추는 사람이 지는 게임이죠. 너무나 위험한 게임입니다. 서로가 멈추지 않으면 둘 다 죽는 것이죠.

이 게임에서 이기는 방법은 무엇보다 자신이 겁쟁이가 아니고 죽을 각오로 임하겠다는 것을 상대방에게 알리는 것입니다. 심지어 핸들에 쇠사슬로 손을 묶어서 절대 먼저 멈추지 않음을 상대방에게 보여주기도 해요. 바로 이것이 '신빙성 있는 위협'입니다. 자신은 절대 생각을 바꾸지 않겠다는 신빙성 있는 정보를 주어 상대방이 마음을 바꾸도록 하는 전략입니다. 물론 위험할 때만 쓰는 전략은 아닙니다. 일상생활에도 다양하게 쓰입니다.

일상 생활에서 신빙성 있는 위협은 무엇이 있을까요?

여러분은 신빙성 있는 위협을 해본 적이 있나요?

티끌 모아 태산!
'용돈 일기' 쓰기

부모님이 가계부를 쓰는 걸 본 적이 있나요? 가계부는 돈이 들어오고 나가는 것을 적어 우리 집의 경제 상황을 한눈에 볼 수 있도록 하는 거예요. 여러분도 얼마나 쓰고 모으는지 머릿속에만 담아 두지 말고 용돈 기입장을 써 보세요. 내가 젤리를 사 먹느라 돈을 마구 쓰고 있진 않은지, 얼마를 모으면 갖고 싶은 게임기를 살 수 있는지 알 수 있을 거예요. 꾸준히 쓴 일기를 통해 일상을 돌아볼 수 있듯, 용돈 기입장으로 여러분의 소비 습관을 파악해 보세요

나의 첫 용돈 기입장

용돈 기입장을 쓰며 들어온 돈과 나간 돈이 얼마인지 확인해 봅시다.
아래 빈칸을 채우며 써도 좋고, 평소 쓰고 있는 용돈 기입장에 작성해도 좋아요.

날짜	내용	들어온 돈	나간 돈	남은 돈

by 한국경제신문 경제교육연구소 **문혜정**

소수만 보유할 수 있는 시장은 어떻게 될까?

아무나 만들지 못 하는 것이 있을까?

 www.팔도와 친구들의 경제 이야기.co.kr

다섯번째 **경제 이야기**

경제 공부 레벨 업!

판매자가 똘똘 뭉치면 소비자는 무엇을 할 수 있을까?

경제에도 심리학이 반영된다고?

판매자들끼리 이익을 위해 의견을 모으기도 한다고?

자, 이건 어디서도 못 삽니다~
아무나 팔 수 없는 것은?

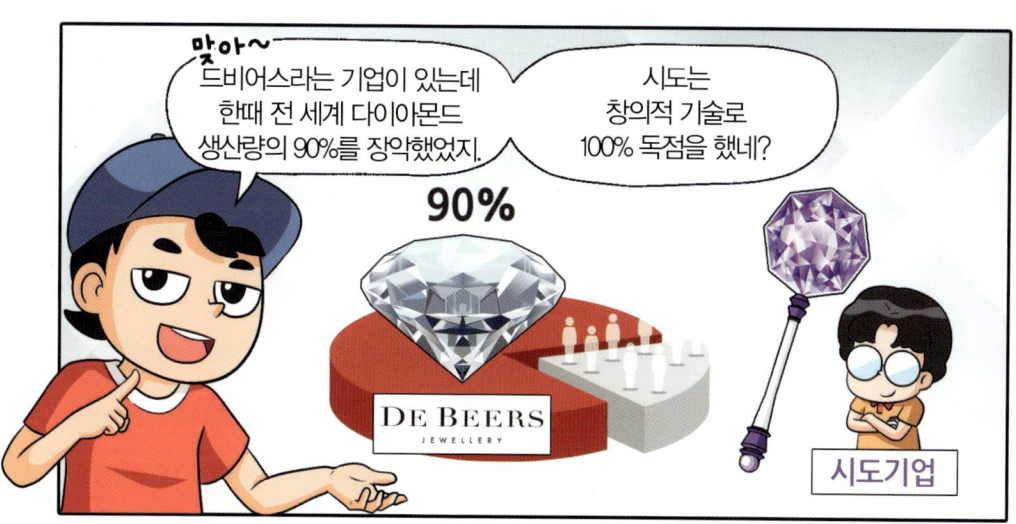

독점

어느 기업이 공급하는 상품 외에 다른 상품이 존재하지 않고, 그 물건을 한 공급자(기업 또는 개인)가 공급한다면 '독점'이라고 합니다. 이런 독점이 발생하는 이유는 다른 아무도 그 물건을 생산할 수 없기 때문입니다. 왜 다른 생산자가 생산하지 못할까요? 그 이유는 세 가지가 있습니다. 첫째는 특정 공급자가 원료를 다 가지고 있을 경우입니다. 예를 들어 만화에서 얘기한 '드비어스'같이 전 세계 다이아몬드를 독차지하고 있는 경우죠. 물론 드비어스는 완벽한 독점이 아닐 수 있지만, 시장에서 다이아몬드 가격에 영향을 미칠 수 있으므로 독점이라고 봅니다. 두 번째는 정부의 규제가 있습니다. 정부가 독점하는 경우죠. 전기 생산 같은 중요한 것들은 정부가 생산을 독점합니다. 마지막으로 독점기업이 생기는 이유로 '생산기술'이 있습니다. 생산할 때 필요한 기술을 혼자만 알고 있어서 아무나 생산하지 못하는 경우에 해당합니다.

여러분이 가족들 사이에서 '독점'하고 있는 것이 있나요?

'독점'할 수 있었던 이유는 무엇인가요?

과점

'과점'은 소수의 생산자가 존재하는 시장을 말합니다. 앞에서 얘기한 우리나라 통신 시장도 과점에 해당해요. 주변에 꽤 많은 대기업이 있는 시장에는 과점이 존재합니다. 예를 들면 대형마트도 하나의 과점 시장일 수 있어요. 여러분이 '대형마트' 하면 떠오르는 브랜드는 뭐가 있나요? 하나는 아니지만 몇 개 생각 안 나죠? 그런 시장이 과점입니다. 라면이나 과자, 반도체 시장 등도 과점에 해당합니다.

과점 시장에서는 서로가 경쟁하고 있지만, 경쟁이 너무 심하면 서로 이익을 깎아 먹게 됩니다. 그래서 가격을 담합하죠. 담합은 판매자들이 자기들의 전체 이윤을 높이기 위해 협력하는 것입니다. 예를 들어 물건을 팔 때 어느 가격 이하로는 팔지 말자고 합의하는 것이죠. 이렇게 되면 소비자는 피해를 봅니다. 기업들이 담합을 하면 원하는 물건을 원하는 가격에 사지 못하기 되기 때문입니다. 그래서 정부는 기업의 담합을 '불공정 거래'라고 하여 법적으로 처벌합니다.

'과점' 기업들 모두가 함께 성장할 수 있는 방법이 있을까요?

'과점' 시장에는 또 무엇이 있을까요?

당하기만 할 수 없다!
현명한 소비자가 되는 법

담합을 깨는 법

기업들이 담합을 할 이유는 충분합니다. 가격을 내리지 않고 사람들이 물건을 산다면 그만큼 기업에는 이익입니다. 정부가 법으로 규제한다고 해도 한계가 있습니다. 기업들이 계속 담합을 하면 여러분은 어떻게 하면 좋을까요? 협상력을 이용하면 됩니다. 소비자들이 똘똘 뭉쳐서 그 기업들과 협상하는 방법이 있습니다. 앞서 레미가 사용한 방법입니다. 바로 '죄수의 딜레마'죠. 각 기업을 따로 접촉한 후, 그 기업들과 각각 협상합니다. 그렇게 소비자의 권익을 쟁취하는 방법이 있습니다. 물론 이런 방법은 어렵습니다. 이보다 더 좋은 방법이 있는데요. 바로 혁신적인 기업이 탄생하는 것이죠. 누군가 새로운 기술이나 서비스를 발굴하여 더 낮은 가격에 좋은 품질의 물건을 제공하면 담합했던 기업도 담합을 깨고 경쟁에 뛰어들 것입니다. 이것이 바로 자유로운 경쟁 시장이라는 것이죠.

기업의 '담합'을 깨는 방법에는 또 무엇이 있을까요?

여러분이 '혁신적인 기업'을 만든다면 어떤 기술이나 서비스를 제공하고 싶은가요?

알면 알수록 더 재미있는
경제학의 세계

행동경제학, 계획 오류

여러분은 '행동경제학'에 대해 들어본 적 있을까요? 아마 들어보진 못했어도 여러분의 삶에서 많은 부분을 차지하고 있을 겁니다. 예를 들어 국어 시험점수가 90점, 영어 시험점수가 60점이 나왔다고 생각해 봅시다. 여러분은 부모님께 어떤 점수를 먼저 말하나요? 아무래도 좋은 점수인 국어 점수를 말하고 영어 점수를 말할 것입니다. 잘 나온 점수로 부모님의 기분을 좋게 해 드린 후에 나쁜 점수를 말하면 그나마 조금 봐주시기 때문이죠. 이게 바로 행동경제학입니다. 처음 입력되는 정보가 나중에 입력되는 정보보다 더 큰 영향을 미치기 때문이죠. 이처럼 행동경제학은 사람의 심리를 파악합니다. 행동경제학을 주장한 대니얼 카너먼(Daniel Kahneman)도 심리학자입니다.

행동경제학을 알아두면 여러분이 왜 합리적으로 판단하지 않는지를 알 수 있습니다. 앞서 얘기한 '계획 오류'도 마찬가지죠. 우리는 "계획을 하지만 계획대로 이루어지는 것은 없다"는 말을 많이 합니다. "현실은 소망대로 되지 않는다"고 하기도 하죠. 이런 계획 오류가 생기는 이유가 뭘까요? 자신의 능력을 과대평가하기 때문입니다. 이를 '착각적 우월성'이라고 합니다. 또, 미래를 너무 낙관하기 때문이기도 합니다. 생각보다 좋은 결과를 상상하다가 계획 오류에 빠지는 것이죠. 행동경제학은 꽤 재미있고 많으니 차차 하나씩 얘기해 볼게요.~

나와 친구들은 앞으로 계속해서 경제 공부를 할 예정이야! 그럼 2권에서 만나자~!

♥ 경제 단어 찾아보기

ㄱ
- 가격 — 27p
- 가격차별 — 99p
- 경제적 유인 — 16p
- 경제 주체 — 23p
- 공급 — 27p
- 공급량 — 27p
- 공유지 — 83p
- 공유지의 비극 — 83p
- 금융 시장 — 111p
- 금융 중개 기관 — 111p
- 금리 — 115p
- 기회비용 — 53p
- 게임이론 — 123p
- 과점 — 143p

ㄴ
- 네트워크 효과 — 75p

ㄷ
- 담합 — 143p
- 독점 — 138p
- 대체재 — 61p

ㅁ
- 매몰비용 — 57p

ㅂ
- 보완재 — 61p
- 보이지 않는 손 — 43p
- 불공정 거래 — 143p
- 비교우위 — 87p
- 밴드왜건 효과 — 75p

ㅅ
- 소비자 — 23p
- 수요 — 23p
- 수요량 — 23p
- 수요의 법칙 — 23p
- 스노브 효과 — 75p
- 시장 — 31p

ㅇ
- 인센티브 — 16p
- 인플레이션 — 95p
- 외부효과 — 79p

ㅈ
- 저축 — 111p
- 절대우위 — 87p
- 주식 — 111p
- 주식 시장 — 111p
- 죄수의 딜레마 — 127p

ㅊ
- 창조적 파괴 — 49p
- 72의 법칙 — 115p
- 치킨게임 — 131p
- 채권 — 111p

ㅎ
- 한계분석 — 34p
- 한정판 — 75p
- 한계 효용 체감의 법칙 — 39p
- 효용 — 39p
- 행동경제학 — 152p
- 화폐 — 107p

한경 junior

펴낸날	초판 1쇄 발행 2022년 12월 22일
	4쇄 발행 2024년 2월 28일
발행인	김정호
편집인	박수진
펴낸곳	한국경제신문
기획·편집 총괄	이선정
편집	강은영
글	김형진
그림	구슬기
감수	한진수·민세진
디자인	현예림·엄정윤
판매유통	정갑철·선상헌·조종현
인쇄	제이엠프린팅
등록	제 2006-000008호
주소	서울시 중구 청파로 463 한국경제신문
구입문의	02-360-4859
홈페이지	www.hankyung.com

값 14,000원
ISBN | 979-11-92522-33-3(73320)

한경junior 〈팔도와 친구들의 나도 경제왕〉은 초중생이 경제 지식을 쉽게 이해할 수 있도록 구성한 학습만화책입니다.

- 잘못 만들어진 책은 구입하신 곳에서 교환해드립니다.
- 이 책은 저작권법에 따라 보호받는 저작물이므로 무단 전재와 복제를 금합니다.

정답

70p

❶ ○
❷ X, 수요량이라고 합니다.
❸ ○
❹ X, 즐거움을 돈으로 환산한 것은 편익이라고 합니다.
❺ ○
❻ ○

154p

1 경제적유인 2 인플레이션 3 이자 4 2차세계대전
5 계산기 6 생산기술 7 공중전화 8 비교우위 9 기대
10 절대우위 11 한계효용체감의법칙 12 한정판 13 용돈
14 치킨게임 15 게임이론 16 이익